Cocriando com o Mestre Saint Germain

Carmen Balhestero

Cocriando com o Mestre Saint Germain

MADRAS®

Editor:
Wagner Veneziani Costa

Produção e Capa:
Equipe Técnica Madras

Revisão:
Silvia Massimini Felix

Dados Internacionais de Catalogação na Publicação (CIP)
(Câmara Brasileira do Livro, SP, Brasil)

Balhestero, Carmen
Cocriando com o mestre Saint Germain/Carmen Balhestero. – São Paulo: Madras, 2016.

ISBN 978-85-370-1032-7

1. Grande Fraternidade Branca 2. Mestres Ascensos 3. Ocultismo 4. Saint Germain, Conde de, 1696-1784? I. Título.

16-06810 CDD-299.93

Índices para catálogo sistemático:
1. Grande Fraternidade Branca: Religiões de natureza universal 299.93

MADRAS EDITORA LTDA.
Rua Paulo Gonçalves, 88 – Santana
CEP: 02403-020 – São Paulo/SP
Caixa Postal: 12183 – CEP: 02013-970
Tel.: (11) 2281-5555 – Fax: (11) 2959-3090
www.madras.com.br

Agradecimentos

Agradeço ao poder supremo de Deus-Pai-Mãe pela oportunidade de servir nesses momentos de novas escolhas e de transição planetária.

Ao bem-amado Mestre Saint Germain, Pena Branca, Mãe Maria e todos os seres da Grande Fraternidade Branca Universal - pelo amor e parceria nessa jornada na Mãe Terra. GRATIDÃO ETERNA por suas presenças luminosas em nossas vidas.

À minha família terrena, base de minha vida emocional e espiritual: meus pais André e Genny Balhestero, minhas irmãs Vera e Cláudia, minha estrelinha Nicole e meus cunhados Alex e Neto.

A Clêudio Bueno pela eterna paciência, amor e força ao longo desses anos.

Ao meu editor, Wagner Veneziani Costa, que sempre acolhe as mensagens do Mestre Saint Germain e em tempo recorde manifesta livros no plano físico. Wagner, obrigada pela confiança e por seu incansável trabalho que tanto auxilia a humanidade por meio de informações preciosas que servem como uma chave para esses momentos de mudança na Mãe Terra.

Agradeço ao reino animal, que me fez conhecer o amor incondicional e a fidelidade por meio de meus anjos Aloha, Merlin, Shasta, Star e **Órion**, que já estão nos planos de Luz, e a Sírius que me traz uma nova onda de luz, equilíbrio e inspiração, renovando minha vida a cada dia – anjo de quatro patas que me acompanha diariamente nessa grande escola que **é** a Mãe Terra.

À família PAX: seus dirigentes, voluntários e participantes que ao longo desses 35 anos têm sedimentado e praticado os ensinamentos dos Mestres da Luz da Grande Fraternidade Branca, que juntos possamos continuar mostrando que **é** possível escolher viver de forma diferente, com leveza e cocriando a PAZ por meio de nossas melhores escolhas a cada dia.

A VOCÊ, que escolheu COCRIAR SUA NOVA VIDA, amparado pelo Mestre Saint Germain, ser responsável pela Era de Aquário na Mãe Terra nos próximos 2 mil anos.

Gratidão, gratidão, gratidão.

Dias iluminados com saúde, amor, abundância, cocriação e muitas realizações.

FAMÍLIA PAX!

Pax & Luz,

Eu Sou,

Carmen Balhestero

Apresentação

Você tem em mãos uma ferramenta de transformação. Por intermédio de pequenas frases ditadas pelo Mestre Saint Germain que vislumbram esse novo tempo de mudanças, você encontra Luz e poderá MUDAR SUA VIDA rapidamente. Deus cria e nós, como seres humanos, cocriamos a cada dia novas perspectivas e caminhos em nome da Luz.

O livro *Cocriando com o Mestre Saint Germain* é a forma que o Mestre sugeriu para uma disciplina diária com frases utilizadas de 1º de janeiro a 31 de dezembro que envolvem meditação, introspecção e avaliação das novas virtudes propostas.

Cada um de nós vibra em uma frequência de Luz de acordo com suas crenças. Quando paramos e refletimos profundamente sobre novos valores, nossa PERCEPÇÃO MUDA e ficamos aptos a fazer melhores escolhas, que manifestam nossa nova realidade em nossas vidas agora, vibrando assim oitavas superiores das frequências anteriores. Essa **é** a verdadeira MUDANÇA DE CONSCIÊNCIA, cada um a seu tempo, de acordo com o livre-arbítrio; ela ancora as novas frequências de unidade e Luz centradas em novas percepções e nós, como humanidade, somos responsáveis por criar nossas novas vidas agora. O Mestre nos pega pela mão e nos conduz a um novo nível de consciência: mais leve, puro e simples, mostrando que **é** de dentro para fora que a verdadeira mudança ocorre: quando amadurecemos o suficiente para entender o processo de nossa evolução individual, abrimos a porta para as verdadeiras cocriações. Tudo começa na mente criativa que aproveita oportunidades e manifesta rapidamente.

Permita-se fluir nessa nova jornada de amor e Luz nas bênçãos eternas do bem-amado Mestre Saint Germain.

Mensagem do Mestre Saint Germain

Amados filhos:

Novas escolhas estão sempre **à** disposição de suas novas realidades. A partir do silêncio, meditação e introspecção, vocês alicerçar**ão** a chama da bem-aventurança que gera o propósito da vida: o despertar consciente de seus novos caminhos rumo **à** felicidade, abundância e saúde perfeita.

A longevidade e imortalidade lhes pertencem. Basta compreender como seus corpos biológicos funcionam para prolongar a vida e viver com mais qualidade, priorizando somente os momentos felizes e leves.

Este **é** o momento que todos esperavam: a nova tomada de consciência em massa que gera a perspectiva da iluminação da humanidade. Sathya Yuga – a Era da Luz – desde 2014 traz **à** tona as virtudes e valores desses tempos de mudanças para que vocês possam compreender que não **é** mais o racional que molda suas vidas e direciona suas novas escolhas, mas sim seu CORAÇÃO, berço do amor incondicional de Deus que tudo cura e provê. Que vocês possam permitir que seus corações sejam seus novos cérebros, atuando com mais leveza e harmonia em todas as situações de suas vidas.

É de vital importância que todos os discípulos conscientes atuem em prol do equilíbrio próprio nesses momentos de transformação e escolhas individuais e planetárias. Disciplina, ritmo e poder de concentração são necessários para que vocês possam ancorar mais luz em suas vidas e sedimentar as novas escolhas fundamentadas em sua verdade. Na chama da perfeição, vocês reconhecer**ão** a presença de Deus em todas as situações de suas vidas. A humanidade esqueceu de cultivar o verdadeiro relacionamento com Deus a cada dia, o que causou a separação da fonte de toda a vida e, por livre-arbítrio, assumiu as escolhas do ego-personalidade ao invés das escolhas pautadas no poder da alma.

A cocriação é um fato real, e existe a cada instante em todas as espirais de evolução nos Universos em expansão. Deus cria e a humanidade cocria a cada instante sagrado novas perspectivas, moldando as novas fases da vida em sintonia com o alicerce da alma.

Todos os que despertam para essa nova realidade têm o poder de mudar padrões passados e transmutar situações limitadoras ancorando a chama que preserva o poder da unidade e da perfeição. O maior empecilho para cocriar é o medo, energia limitadora que aprisiona e cega. É hora de erguer o véu além das ilusões humanas e enxergar na luz do amor incondicional a força da perfeição que reside em seus corações.

Direcionando suas mentes a novas perspectivas e formas de enxergar a vida, vocês reconhecer**ão** seu verdadeiro poder centrado no coração, fonte da Luz de Deus em vocês. O ser humano **é** formado por hábitos, e situações passadas necessitam ser transmutadas para que conscientemente todos os seres escolham viver em paz e em harmonia agora, cocriando abundância, saúde e realizações.

Que vocês possam meditar a cada dia e mudar as perspectivas rumo **à**s suas novas diretrizes; assim reconhecer**ão** que o poder da Luz ampara seus novos momentos de mudanças, e com segurança caminhar**ão** atingindo a verdade e a maestria.

Suas realidades são criadas por suas energias. Sintonia na Luz de Deus **é** a chave. Respirar e absorver essa Luz **é** a forma de manifestar situações e crenças. Expandir a Luz por meio do coração e de atitudes conscientes **é** reconhecer que, quando o coração está alinhado com o poder da verdade, todas as situações se encaixam em suas vidas a seu tempo certo, de acordo com a vontade divina e com sua sintonia de cocriação. Abram mentes e corações

CONSCIENTEMENTE para receber as bênçãos desse novo tempo de ILUMINAÇÃO, e que vocês possam escolher ancorar as frequências de equilíbrio, saúde, harmonia e PAZ.

Amor e Luz,

Eu Sou Saint Germain

Oração da Cocriação

por Mestre Saint Germain
Canalizada por Carmen Balhestero em 9 de abril de 2005,
na PAX, às 10 horas.

Eu Sou a cocriação em ação.
Eu Sou o que Eu Sou.
Eu liberto meus pensamentos.
Eu liberto minhas culpas.
Eu curo meu passado.
Eu curo minha mente dividida.
Eu Sou uno com o poder de Deus.
Eu Sou uno com o poder da verdade.
Eu Sou uno com o poder do espírito.
Eu Sou o que Eu Sou.

Eu expando o poder de minha própria glória.
Eu Sou a vitória de minha presença Eu Sou em ação.
Eu cocrio minha mente.
Eu Sou minha mente crística.
Eu Sou o poder da palavra em ação.
Eu Sou o poder da verdade em ação.
Eu Sou o que Eu Sou.
Eu Sou a Luz de um novo mundo.
Eu Sou o exemplo de um novo ciclo.
Eu vivo minha verdade.
Eu Sou o poder de minha própria fé.
Eu equaciono minha bem-aventurança.
Eu liberto meus medos.
Eu transmuto meus medos.
Eu transmuto meus limites.
Eu Sou o poder de minha vitória.
Eu Sou o poder de minha verdade.
Eu Sou a iluminação em ação.
Eu Sou o poder da vitória em ação.
Eu cocrio um novo inconsciente coletivo.
Eu Sou a Luz do mundo.
Eu Sou a Luz do meu mundo.
Eu Sou o que Eu Sou.

Eu cocrio abundância.
Eu cocrio serenidade.
Eu cocrio harmonia.
Eu cocrio paz.
Eu cocrio revelação.
Eu cocrio bem-aventurança.
Eu cocrio serenidade mental.
Eu cocrio justiça.
Eu cocrio igualdade em todos os reinos.
Eu Sou o poder de Deus em ação.
Eu Sou o que Eu Sou.
Eu Sou minha saúde.
Eu cocrio minha longevidade.
Eu aceito minha imortalidade.
Eu Sou o poder do rejuvenescimento em ação.
Eu Sou liberdade em ação.
Eu Sou o que Eu Sou.
Eu Sou o poder de minha vitória.
Eu Sou o poder de minha verdade.
Eu Sou o poder de meu equilíbrio.
Eu Sou o que Eu Sou. (três vezes)

Queridos Amigos da Família Pax!

Seguem as sugestões do Mestre Saint Germain para a nova série de mensagens: *Cocriando com o Mestre Saint Germain*. Temos vários itens para meditar e começar a praticar. O Mestre Saint Germain diz que "nós, como humanidade, temos de criar uma nova realidade de milagres, graças e manifestações focando apenas na energia positiva e em nossas melhores intenções a cada dia". As situações que ocorrem em nossas vidas dependem da atitude de cada um de nós perante cada fato ocorrido. A forma com que reagimos estabelece a energia que gera a mudança da frequência da Luz que emanamos quando despertamos para novas formas de escolher viver a cada instante, direcionando as virtudes que devem ser vivenciadas em nome da LUZ como discípulos conscientes dos Mestres da Grande Fraternidade Branca Universal.

Vamos Cocriar, Família Pax!

Que cada momento desse novo ciclo seja pleno de harmonia, amor, abundância e realizações.

Vamos cocriar uma vida melhor e um mundo melhor junto ao bem-amado Mestre Saint Germain em comunhão com nossa presença EU SOU.

O Mestre Saint Germain e todos os seres da Fraternidade Branca contam com nossa decisão em mudar e fazer melhores escolhas a cada dia – a neurociência explica que o que fica gravado no subconsciente se manifesta no mundo tridimensional.

Através de introspecção nos pensamentos das frases a seguir, vamos transmutar padrões errôneos do passado que conduziram a humanidade à desorganização e ao poder manipulativo projetados pelo ego-personalidade, gerando a violência e a guerra.

Medite e reveja valores, escolhas e comece novamente, todos os dias. Por meio de pequenas mudanças diárias, mudamos o mundo. Um mundo melhor, mais consciente, mais saudável, próspero e muito mais feliz começa com nossas escolhas a cada dia, começa comigo, começa COM VOCÊ!

Gratidão, Família Pax!

Dias iluminados com muitas bênçãos,
Pax & Luz,
Eu Sou,

Carmen Balhestero

Observar e agir na luz do discernimento e livre-arbítrio individual

Janeiro

Dia 1

1. RESPEITO MÚTUO por todas as formas de vida: reinos mineral, vegetal, animal, hominal
2. Lembrar-se de que todos são UNOS com o poder supremo de Deus.
3. O conhecimento eleva a inteligência e devolve a cada um o estado de compaixão = colocar-se no lugar do outro sempre, ver as situações com outros olhos, destruindo a ignorância da escuridão mental, ativando o discernimento e tocando a verdadeira sabedoria interna que revela a verdade no mais profundo SILÊNCIO, evitando comparações e julgamento.
4. Manter equilíbrio em todas as situações para melhor saúde física, mental e emocional. Alegria possibilita criar e atrair um futuro melhor em níveis mais elevados – preservar e intensificar as

situações que trazem alegria todos os dias, a cada instante, para criar uma vida melhor.

5. Lei da Atração: Poder de alinhar pensamentos com o amor, paz e harmonia; quando os pensamentos estão alinhados com o poder da chama trina no coração, tudo se manifesta de forma simples e suave, sem esforço.
6. Leveza em tudo na vida, sem cobrança ou autopunição.
7. Querer realmente a purificação do corpo, mente e emoções e trabalhar para que isso ocorra todos os dias.
8. Confiar na hoste angélica e nos planos de Deus e permitir que os anjos transmutem as preocupações e problemas, entregando os "pesos" **à** Luz e recebendo as graças divinas.

Dia 2

1. Limpar e organizar: mente, emoções, objetos ao redor – abrir espaço para o novo a cada instante sagrado em todas as situações, sempre.

2. Desapegar-se de hábitos e pensamentos que criam mágoas, ressentimentos, tristezas – entregar lembranças do passado à Luz. Não viver no passado. Focar atenção no momento presente, no eterno agora, o único tempo que verdadeiramente existe, base das próximas realizações.
3. Aceitar as bênçãos de Deus e sintonizar a mente somente no sagrado e perfeito, para atrair bênçãos de Luz o tempo todo.
4. Perdoar tudo e todos, mesmo sem motivo aparente: a culpa não existe para Deus – permitir que, no lugar da culpa e lembranças impuras, o amor tudo cure e impere, sem pré-julgamentos.
5. Aprofundar a conexão com Deus e o Sagrado todos os dias através do silêncio mental, vivendo a verdadeira espiritualidade nas oportunidades que a vida oferece a cada dia, servindo como exemplo no mundo, mostrando que a vida pode e deve ser diferente, através de novas escolhas mais conscientes com alegria e bem-aventurança.

Dia 3

1. Centrar atenção na alma em todas as situações e perguntar-se: o que a alma faria? (e não o que o "ego" escolheria...)
2. Respirar e sentir o poder do prana que tudo cria e penetra em cada célula e cada parte do corpo, tornando-o vivo e apto a cocriar a cada instante.
3. Concentrar esforços, intenções e formas-pensamentos em um assunto por vez para manifestá-lo mais rapidamente.

"Sonhos são projeções do futuro. Sonhem, na concentração de seus pensamentos e, fortalecidos em seus corações, vocês manifestarão sua realidade a cada momento, pois seu é o poder da cocriação." EU SOU Saint Germain

Dia 4

1. Desentulhar obstáculos energéticos, começando pela mente e pelo corpo emocional. Respirar muito profundamente, sentindo o vazio mental e o SILÊNCIO. Aceitar e cultivar o novo hábito de exercitar SILÊNCIO diário, em pequenas doses, em períodos diferentes do dia: manhã, tarde e noite, nem que seja por alguns minutos.
2. Falar e viver somente a verdade.
3. Abençoar e libertar o passado.

"Acalmem suas mentes e em serenidade armazenarão as energias necessárias para as grandes manifestações em suas vidas agora." EU SOU Saint Germain

Dia 5

1. Prestar atenção na CRIATIVIDADE que está na mente crística que enxerga tudo de forma mais ampla e verdadeira, não focando somente nos aspectos apresentados pelo ego-personalidade que são ilusões.
2. Agir somente com consciência, que a decisão trará PAZ e plenitude.
3. Silenciar antes de falar e controlar a impulsividade. Observar o equilíbrio.

"Autocura é o equilíbrio das mentes e corpos que, em sintonia, refletem a essência cristalina da perfeição do amor de seus corações." Amor e Luz, EU SOU Saint Germain

Dia 6

1. Exercitar dizer em voz alta: EU SOU (um dos nomes de Deus e completar com o que quiser manifestar. Exemplo: Eu Sou saúde, Eu Sou abundância... Eu Sou um emprego novo, Eu Sou uma casa nova...) em sintonia com o poder da alma que ancora os desígnios de Deus – recitar mantras como OM, som primordial do Universo que manifesta tudo a partir do elemento éter contido no ar que todos respiram. Lembrar que todos são SAGRADOS FILHOS DE DEUS.
2. O pior inimigo da CONSCIÊNCIA é a atuação do ego por meio do supérfluo que causa a ilusão de saciedade com situações superficiais. É necessário transmutar essa ação através da meditação constante e vigilância no poder supremo de Deus e seu plano divino para cada um de seus filhos.
3. Confiar e mergulhar no silêncio para manifestar a partir da alma. Ouvir com segurança, lembrando que a alma sempre sabe todos os caminhos que manifestam sonhos. Deus apoia todas as decisões que provêm da alma.

Dia 7

Exercite TOLERÂNCIA nas situações da vida. Tudo tem seu ciclo e desaparece com o tempo; da mesma forma que as estações do ano vêm e vão, assim os desafios do dia a dia surgem, perturbando ou não cada ser, dependendo do nível de percepção e vibração mental de cada um, por isso a importância de cultivar diariamente o silêncio e a impermanência, quando nada o abala. A SABEDORIA é como o SOL que revela as melhores diretrizes centradas na alma a cada instante. Exercite o silêncio para OUVIR COM O CORAÇÃO. Amor e Luz, Eu Sou Saint Germain

Dia 8

1. É necessário cada gota para formar o oceano; da mesma forma, cada pensamento, após ser purificado e se tornar harmonioso, é responsável por nutrir e atingir seu propósito. Reconheça que Deus atua principalmente no corpo mental de cada ser. Para limpar pensamentos, exercite o silêncio mental colocando a atenção na respiração em alguns momentos do dia nos três períodos: manhã, tarde e noite.

2. Uma das regras para manifestação dos sonhos é exercitar a paciência com o fluxo dos pensamentos e permitir que energias limitadoras repetitivas sejam transmutadas rapidamente, determinando e aceitando que assim seja. A mudança ocorre internamente, no despertar da mente, e não através de manifestações externas. São necessários uma escolha consciente e um comprometimento com a verdade individual para que a mudança ocorra.

Dia 9

1. Amigos e inimigos são duas faces da mesma moeda. Aquele que controla sua mente não permite que o "inimigo ego" atue em sua vida; assim, inimigos externos também deixam de existir, pois as realidades individuais são reflexos do mundo individual criado por cada ser. Vigie a mente sempre, e mergulhe profundamente na centelha de Deus que habita seu santo ser. Nessa sintonia, você manifestará somente o belo e o sagrado.
2. Exercite o perdão e o silêncio, sabendo que o poder de Deus atua no silêncio, no vazio, na pureza da mente alinhada com a alma.

3. Recompense-se todos os dias. Aceitar e aprender a receber bênçãos, graças e milagres de forma significativa inicia-se com pequenos gestos de amor-próprio verdadeiro (não centrado no ego, mas na alma). A recompensa pode ser através de um bom texto que inspire crescimento, um passeio ao ar livre, uma saudação ao sol – fonte da vida terrena, um alimento especial que nutra o corpo, ou bens materiais que são efêmeros, mas fazem parte da evolução da raça humana. Use bom senso e discernimento nas próximas escolhas...
4. Três prioridades para manifestar abundância e uma vida melhor: 1. economizar (tudo o que compõe sua encarnação); 2. gastar "dinheiro" com consciência (só o necessário); 3. recompensar-se todos os dias aceitando receber os frutos do trabalho desta ou de outras vidas.

Dia 10

Ao olhar os outros, reconheça que todos são anjos humanos em corpos tridimensionais. Olhar e entender todos os seres na Luz do amor incondicional traz o reconhecimento de que todos são partículas vivas de Luz da mesma fonte criadora e doadora da vida. Aceite todos os seres como são e projete a perfeição em todos eles; projetando perfeição, você estará colaborando para que manifestem seu potencial de vida mais elevado a cada instante sagrado.

Dia 11

1. Ao meditar, respire fundo e permita que a mente flua sozinha, não direcione nem impeça pensamentos, observe como funciona sua mente, simplesmente focando a atenção em uma luz dourada que traz sabedoria, discernimento e iluminação.
2. O berço da criatividade é a comunhão de sensações, visões e ideias projetadas em uma tela mental, que depois tomam forma e se concretizam no mundo da matéria.
3. Para curar relacionamentos, é necessário admitir que o principal relacionamento é você com Deus. Quando você se sente seguro e amado por Deus, sintoniza, alinha pensamentos e sentimentos no poder supremo de Deus e reconhece essa conexão sólida e pura; verá que todos os outros

relacionamentos se curam sozinhos de forma equilibrada: família, trabalho, sociedade, casais.

Dia 12

1. Concentre-se em utilizar melhor seu poder, com intenção clara e deixando-se fluir nas ondas de cocriação dos Universos em expansão a partir de pensamentos e sentimentos alinhados na perfeição de Deus.
2. Seja gentil com seus pensamentos, atitudes e com todos os seres que fazem parte de sua vida.
3. Agindo com amor nos pensamentos, sentimentos e atitudes, você progride de forma sólida.

Dia 13

1. Todas as preces são atendidas quando há paciência – a ciência da PAZ. Tudo no tempo de Deus, e não na vontade do ego-personalidade.
2. Com determinação, todos os desafios são vencidos, é necessário CORAGEM = AGIR COM O CORAÇÃO E NÃO COM O CÉREBRO.

3. A verdadeira inteligência vem da alma, e não do cérebro. Para ouvir a alma, basta silenciar a mente e permitir que a vida flua sem esforço, nas ondas do amor de Deus.

Dia 14

1. Todas as situações contêm bênçãos. Saber enxergar com o coração e poder intuitivo eleva a frequência de Luz da alma que tudo compreende, perdoa e cura.
2. Seja estável e equilibrado em todas as situações; como a chama da vela que não pulsa nem se mexe quando acesa em local sem vento. Praticar meditação e silêncio fortalece o vínculo da alma com a mente, recebendo bênçãos divinas a cada instante e mantendo a estabilidade e o equilíbrio da chama interna, que é eterna.
3. A semente da criação está na inteligência aliada ao poder da alma. Leitura saudável e silêncio ampliam o conhecimento e apuram a inteligência.

Dia 15

1. Segurança é a conexão verdadeira com a alma que tudo cura e provê.
2. Um novo ser renasce. É você encarando desafios de frente e escolhendo com mais discernimento, assumindo a responsabilidade perante cada situação, assim a vida flui suavemente.
3. Tudo é temporário. Calor, frio, paz, conflito. A percepção e a segurança no poder interno fazem com que nada o abale. Mantenha a calma sempre, respire, olhe para o alto e reconheça a proteção e bênção do Criador.

Dia 16

1. Evite os caminhos da decadência humana: raiva, avareza e luxúria.
2. Concentre-se em manifestar sua felicidade individual que reflete os desejos de sua alma através do silêncio agora. Esse fluxo de energia permite a realização.

Dia 17

1. Assuma seu poder e ouça sua intuição. O principal objetivo de sua vida é servir ao próximo através da alegria que retorna a você. O que você faz, volta, é a lei do retorno. Não se preocupe em saber qual sua missão, concentre-se em compartilhar e expandir alegria onde estiver, curando todos os relacionamentos. Seu principal objetivo é fazer-se feliz todos os dias, pois com felicidade você cocriará milagres e bênçãos.
2. A autorrealização é atingida pelo conhecimento transcendental para aqueles que enxergam a verdadeira realidade: Deus em tudo e em todos. Deus é eterno e atemporal. Cultive sua sintonia no poder de Deus o tempo todo.
3. O sábio é aquele que desperta do autocontrole por meio da introspecção e silêncio, no vazio da mente.

Dia 18

1. Seja honesto com você e veja o que a alma realmente quer. Concentre-se apenas nos desejos e propósitos que geram energias positivas para

você e para os outros. Com persistência e fé, você alcança o que quer no tempo de Deus.

2. Determinação é palavra de ordem. Determine que quer ser feliz e assim será.

Dia 19

1. Aja agora, confiando em sua intuição, não espere mais. É no momento presente, o "eterno agora", que o milagre se apresenta. Dê o primeiro passo.
2. Lembre-se de que seu corpo é uma rede eletromagnética. A energia que flui livremente atrai somente bons momentos edificantes. Permita-se conhecer-se melhor e deixar fluir as ondas de Luz em cada parte viva de seu ser: células, órgãos, estruturas, ligamentos. Você é Luz. Luz atrai somente Luz. Reconheça essa verdade.
3. Enxergue somente a verdade, além da ilusão do ego-personalidade. Tudo é perfeição, as partes "quebradas" de cada contexto são projeções que não existem no plano de Deus. Mantenha sua mente somente sintonizada no plano da perfeição de Deus, o tempo todo, e sua vida muda completamente, no fluir do "contexto divino".

Dia 20

1. Abra as janelas e cortinas da mente para receber a nova brisa da inspiração divina. Aproxime-se da Mãe Terra e de seus elementos: fogo, terra, água, ar e éter para maior equilíbrio todos os dias.
2. É hora de limpar memórias passadas que trazem ressentimento. Exercite o perdão e o esquecimento. Concentre-se somente no "momento presente", o único tempo que realmente existe para você agora.
3. Peça ajuda sempre que precisar. A hoste angélica e seres de Luz só podem atuar quando chamados, pois todos respeitam o livre-arbítrio humano, esperando pacientemente o momento de atuar provendo inspiração, cura e bênçãos.

Dia 21

1. Desempenhe suas atividades sem apego. No sucesso ou fracasso, permaneça no mesmo estado mental de impermanência. Essa é uma das chaves da libertação do sofrimento humano.
2. Nenhum problema é tão grande que consegue apagar sua inteligência superior. Busque resoluções

no SILÊNCIO em comunhão com Deus, que traz resoluções externas que refletem seu estado mental, e não “explicações de como resolver problemas”.

Dia 22

1. A hoste celestial está sempre auxiliando nos momentos de necessidade com bênçãos de cura, trazendo conforto e acalmando a mente e o coração. Tenha fé e abra a mente para receber graças.
2. Atitudes recorrentes físicas e emocionais que trazem sofrimento são padrões que devem ser reconhecidos e transmutados agora através da vontade alinhada à consciência crística que atua em sintonia com a presença Eu Sou – o poder de Deus-Pai-Mãe em cada ser encarnado que atua no silêncio.

Dia 23

1. O equilíbrio espiritual e material é manifestado quando sua consciência está centrada no âmago do poder da mente crística.

2. É momento de rever situações que não mais servem o propósito da realização pessoal e que devem ser curadas em sua vida agora, perdoando o passado.
3. O sucesso **é** o reflexo da mente plácida.

Dia 24

1. Aceitar-se totalmente é o primeiro passo para reconhecer o Deus interno que tudo cocria.
2. Olhe o passado e o presente sem a ilusão do ego, permita-se fluir nas ondas do "eterno agora" e o futuro será muito melhor, pleno de graças e bênçãos.

Dia 25

1. Suas tarefas diárias devem conduzir ao progresso, sempre caminhando para a frente, conscientize-se disso e escolha melhor seus afazeres: se trazem resultados positivos, valem a pena, do contrário não. Escolha novamente, sempre.
2. Determine que quer mudar e assim será. O fluxo abundante material é reflexo da intensidade do despertar espiritual. Mergulhe fundo em suas crenças e sentimentos e limpe rapidamente tudo

o que não seja harmonia e perfeição através do perdão, assim a vida flui de forma serena e plena de realizações.

Dia 26

1. Estabeleça prioridades e siga adiante, longe dos dramas criados pelo ego-personalidade. Concentre-se no que realmente importa: sua saúde física, mental e emocional, tudo o que desequilibra esses três itens não servem seu propósito de vida. Escolha novamente.
2. Com verdade e integridade, liberte-se dos fantasmas mentais e entregue-se de coração ao poder supremo de Deus-Pai-Mãe, que tudo cura e provê, o tempo todo; basta saber ouvir através do silêncio e buscar a sintonia adequada para viver melhor.

Dia 27

1. Veja apenas o belo e o sagrado em todas as situações da vida, assim os ciclos serão mais leves.
2. A principal energia dos Universos em expansão é o compartilhar. Compartilhe seus dons oferecendo o melhor em sua vida todos os dias com

todos, exercendo seus talentos com esmero, assim a vida retorna seus esforços de forma leve com muitas realizações. Não crie expectativas, apenas faça sua parte e permita que a vida aja com naturalidade. Tudo tem seu ciclo e seu tempo sagrado para manifestar.

Dia 28

1. É hora de superar dificuldades, erga-se acima do problema e sinta o poder de Deus que o ampara, cura e provê.
2. Todas as preces são sempre atendidas, nem sempre na perspectiva da mente e vontade humanas, mas de acordo com as leis de Deus. Eleve seus pensamentos e continue orando com fervor e fé.

Dia 29

1. Alimente sua criança interna dando-lhe mais atenção. Lembre-se: amor-próprio é a base do sucesso. Desenvolva e fortaleça seu amor-próprio agora.

Dia 30

1. Escolha uma vida saudável com atitudes que refletem leveza e bem-estar. Através da alimentação consciente, sono adequado e caminhadas e/ou exercícios, você desfrutará de saúde perfeita e longevidade.
2. Abra o coração para receber as graças de Deus que refletem sua coragem em assumir a espiritualidade e vivenciá-la através de melhores escolhas em todos os momentos de sua vida.

Dia 31

1. A resposta para suas indagações estão dentro de você. Para ajudar a ouvir, sugerimos caminhar na Natureza e experienciar o poder da Mãe Terra em ação a cada dia, abençoando seus filhos amados. Respire mais, sinta sua conexão com os elementos na natureza: fogo, terra, água, ar e éter.
2. Abundância é um estado de espírito. Una-se ao poder dos Universos e da natureza e, como o vento flui em seu rosto, a abundância traz a brisa da leveza e alegria. Basta silenciar a mente e confiar.

Fevereiro

Dia 1

Tenha confiança; mesmo duvidando de seu potencial, perceba que a fé em Deus é o primeiro passo para a manifestação. Sintonize-se com Deus. Ore para Deus. Permita-se sentir e viver Deus em todas as manifestações de sua vida AGORA.

Dia 2

Com coragem, e centrado em seu coração, você potencializa seu poder interno de atrair novas perspectivas em comunhão com todas as bênçãos divinas a cada instante.

Dia 3

A fé é a porta para todas as manifestações. Decida ter FÉ e assim será. Tudo é questão de decisão: assumindo a responsabilidade perante escolhas mais leves e conscientes, a vida flui sem esforço. Permita-se fluir nas oportunidades com fé.

Dia 4

A vida lhe oferece uma grande oportunidade de exercitar o perdão. Busque em você a força necessária para mudar e perdoar. Perdoe tudo e todos. Perdoe o passado, o presente e o futuro. Guardar ressentimentos só impede o fluxo da harmonia e das manifestações. Liberte-se AGORA.

Dia 5

Mantenha em sua mente a imagem da PERFEIÇÃO em todos os seres, principalmente naqueles que convivem com você e são mais próximos, assim, em curto espaço de tempo, eles se transformarão em seres crísticos sagrados, abandonando o limite e potencializando a totalidade do que realmente são.

Dia 6

Liberte-se de pensamentos, sentimentos e energias que não mais servem o propósito da cocriação da unidade e da bem-aventurança. Eleve sua frequência de Luz pensando de forma diferente e abrace as oportunidades de cocriar um novo tempo de PAZ mental, exercitando a compaixão = colocar-se no lugar do outro.

Dia 7

As situações presentes lhe oferecem oportunidades de crescimento e evolução. Cure-se libertando padrões enraizados do passado e abrindo-se para receber novas bênçãos de Luz. Respire. Sinta. Seja a totalidade da presença EU SOU em ação AGORA.

Dia 8

Exercite a bondade, sem pré-julgamentos, e você atrairá a totalidade do poder de ancorar a chama da perfeição AGORA.

Dia 9

Conviva pacificamente com todos os seres, o tempo todo. Abrace cada oportunidade como sendo a alavanca para sua autorrealização, quando seu poder de consciência reconhece seu Deus interno.

Dia 10

Todas as portas se abrem hoje, permita-se receber novas oportunidades e bênçãos dos Universos em expansão. Sintonize-se na Luz. Receba Luz. Expanda Luz. Respire Luz. Reconheça que você é LUZ.

Dia 11

Seus Anjos da Guarda te auxiliam e fazem a ponte entre os obstáculos e as soluções. Permita que Eles atuem AGORA. Caminhe fortalecido no Poder da sua mente e de suas Novas Escolhas AGORA.

Dia 12

Encare os desafios de frente. AGORA é o momento perfeito para que você aja. A Vida oferece vários ingredientes todos os dias, mas a receita do Sucesso depende unicamente de suas ESCOLHAS CONSCIENTES.

Dia 13

Resultados positivos, são reflexos de atitudes positivas. Mude sua postura perante a vida e tudo fluirá de forma plena e feliz, sempre. CONFIE!

Dia 14

Inspirações são projeções do futuro. Pratique o silêncio e busque em seu poder mental a força que atrai as mais puras manifestações.

Dia 15

Você nunca caminha sozinho. Muitos seres e forças positivas auxiliam seu momento de evolução. Reconheça essas energias que abençoam sua vida e abrace novas oportunidades a cada instante sagrado.

Dia 15

Apresse-se em decidir SER FELIZ. Não perca mais TEMPO. Sorria o tempo todo e receba o poder da cocriação dos Universos em expansão.

Dia 16

A culpa não existe para Deus. O peso na consciência é criado pelo ego manipulativo. Escolha viver fora desse paradigma antigo que não é verdadeiro para Deus mediante atitudes e novas escolhas.

Dia 17

Coloque toda a sua atenção no ETERNO AGORA. Liberte-se do passado, é neste momento que você tem condições de COCRIAR tudo o que sua intenção pura escolher.

Dia 18

Escolha viver somente o AMOR INCONDICIONAL que é a única linguagem dos Universos em expansão. Seja amor em ação. Pergunte-se: "Como agir com amor em todas as situações à partir de agora?".

Dia 19

Você não precisa ter preocupações, a não ser que assim escolha. Erga-se acima dos problemas, saiba que sua Luz mostrará o novo caminho suave e pleno de realizações. Silencie, aceite essa verdade AGORA.

Dia 20

Expanda a PAZ de seu coração em todas as situações, o tempo todo, assim você colherá somente harmonia e realizações.

Dia 21

Concentre-se em servir seu Deus Interno e o propósito de sua alma, e todos os caminhos estarão sempre abertos para novas manifestações.

Dia 22

Não queira entender todas as situações. Apenas VIVA de acordo com suas melhores escolhas conscientes a cada dia, assumindo responsabilidade perante tudo o que acontece, pois a realidade é a projeção de suas crenças.

Dia 23

Permita-se fluir no grande oceano da Luz a partir de agora. Basta abrir seu coração e aceitar uma nova sintonia que reconhece apenas o belo, o sagrado, o perfeito.

Dia 24

Permita-se fluir no Grande Oceano da Luz a partir de agora. Basta abrir seu coração e aceitar uma nova sintonia que reconhece apenas o Belo, o Sagrado, o Perfeito.

Dia 25

A alma só conhece a linguagem da alegria. Viva com alegria, abrace e externize a alegria em todas as situações e o reflexo dessa atitude trará bênçãos e milagres a cada instante.

Dia 26

Compartilhe suas aptidões com todos os seres. Seja seu “melhor você” hoje; após experienciar essa atitude em um dia, talvez você decida adotá-la todos os dias, cocriando uma nova frequência de Luz e unidade que somente atrai bênçãos e milagres em sua vida.

Dia 27

Sua intuição é a voz de Deus que aponta os melhores caminhos todos os dias. Aprenda a ouvir e assuma seu poder em ser FELIZ AGORA.

Dia 28

Permita-se renascer e reconhecer que às vezes é necessário mergulhar no fundo do poço para se libertar dos pensamentos e sentimentos vazios que só causam mal-estar e desequilíbrio. Olhe-se com VERDADE. Aja com VERDADE.

Em anos bissextos

Dia 29

A sabedoria infinita responde suas preces da melhor forma possível, todos os dias. Confie na proteção que vem de Deus e viva com mais leveza.

Março

Dia 1

Preste atenção nas oportunidades que o Universo apresenta. Novas parcerias impulsionam seu crescimento individual.

Dia 2

Concentre-se no poder de sua alma. Nessa sintonia, sua vida transcorre em total maestria e êxtase. Lembre-se de compartilhar quem você verdadeiramente é.

Dia 3

Desperte sua intuição. Alinhado com seu trabalho interno, a vida lhe proporcionará novas formas de ancorar energias de sabedoria e unidade.

Dia 4

Todos colaboram para seu momento de mudança interna ou externa. Abençoe todas as pessoas e formas de evolução que participam de sua vida.

Dia 5

Permita-se receber graças divinas AGORA.

Dia 6

Sua alma só conhece a linguagem da alegria. Siga essa nova diretriz e mude sua vida.

Dia 7

Seu trabalho é a forma de exercitar seus dons. Agradeça as oportunidades e permita-se expandir e compartilhar seus dons.

Dia 8

O sucesso é fruto da disciplina diária.

Dia 9

Viva exercitando sua verdade. Espelhe somente a totalidade da sua devoção à alma e sua vida fluirá com abundância e bênçãos.

Dia 10

Crie abundância em seus pensamentos e a vida materializará esse novo fluxo de energias em sua vida material. Sua realidade é reflexo de seus pensamentos.

Dia 11

Para curar qualquer situação, é necessário perdoar – o perdão liberta e eleva sua vida a um novo nível de expansão.

Dia 12

Preocupações limitam. A leveza no pensar e agir cria novas perspectivas de cocriar plenitude e abundância agora. Escolha novamente.

Dia 13

Aceite o poder dos Universos que espelham a chama da perfeição e equilíbrio. Caminhe consciente de que você determina e cria sua nova realidade a cada dia.

Dia 14

Os Universos se expandem em espiral, assim como seus pensamentos que se iniciam como sementes e depois florescem e dão frutos – preste mais atenção no que está criando em sua mente, lá está o terreno fértil de sua nova vida.

Dia 15

Invoque pelo poder de Deus o tempo todo, para que inspire as melhores diretrizes em seu caminho. Tudo é orquestrado de forma perfeita. Entenda que tudo tem seu momento adequado para acontecer, a precipitação gera sofrimento desnecessário. Aceite essa verdade.

Dia 16

Todas as percepções de sua mente se abrem para lhe mostrar uma nova perspectiva. Enxergue sob outro ângulo, não julgue, exercite a compaixão = colocar-se no lugar do outro. Liberte-se AGORA.

Dia 17

Não demore a tomar decisões. O tempo é seu aliado precioso, permita que ele impulsione seu novo caminho. Exercite o silêncio para sua mente ficar mais ágil e clara.

Dia 18

Suas ações definem sua felicidade. Analise com cautela e precisão suas próximas escolhas e crie sua nova vida AGORA.

Dia 19

Tudo e todos ao seu redor de alguma forma contribuem para seu crescimento individual. Não reclame, aceite e abençoe todas as ferramentas que Deus colocou em seu caminho para seu crescimento individual rumo a sua maestria e perfeição.

Dia 20

O amor é a mais pura forma da proteção. Ame tudo e todos, e sinta a força que provê o direcionamento de seu novo caminho na unidade infinita da Luz.

Dia 21

Nunca é necessário saber motivos, apenas perdoe e não pense mais, abra-se para ancorar as percepções de uma nova realidade AGORA.

Dia 22

Compreender o outro é abraçar a oportunidade de caminhar junto, sem expectativas, mas com respeito e amor.

Dia 23

Bênçãos estão presentes em todos os lugares, o tempo todo. Abra sua mente e receba a chama de sua nova percepção no caminho da iluminação.

Dia 24

Abençoe o passado. Liberte-se do que não mais serve ao propósito de iluminar seu caminho e sua vida.

Dia 25

Agradecer é a válvula propulsora de novas realizações. Agradeça por tudo e a todos, o tempo todo, esse é o real "estado de graça".

Dia 26

É chegado o momento da colheita. Preste atenção a sua volta e em seu interior e permita-se receber aquilo que plantou; se não estiver satisfeito, escolha novamente e recomece de forma CONSCIENTE.

Dia 27

Seja amor, expresse amor, viva o amor agora e sempre.

Dia 28

Você não consegue mudar os desígnios de Deus, mas pode escolher como aprender e exercitar suas lições no dia a dia de forma mais suave e feliz. Tudo depende de como você vê a vida e a experiência.

Dia 29

Aprecie a PAZ em tudo e em todos. Caminhe com segurança e encontrará o poder da unidade com Deus.

Dia 30

Entregue suas aspirações à Luz, e assim elas se manifestam mais rapidamente em sua vida AGORA.

Dia 31

Limites e sofrimentos são criados pela mente limitada. Permita-se viver a chama da perfeição do amor de Deus em ação em você AGORA.

Abril

Dia 1

Deus só enxerga e provê perfeição. Você como Filho de Deus é apto a criar, viver e escolher apenas PERFEIÇÃO em todas as situações.

Dia 2

Faça as pazes com sua mente. Tranquilizando os pensamentos, você encontra a chama da cocriação.

Dia 3

Aprecie a vida e desfrute de cada momento com alegria. Olhe para tudo e todos de forma neutra, sem se envolver em situações alheias que o distanciam de sua paz interna.

Dia 4

Entenda que os enganos e erros passados foram suas escolhas e de alguma forma o trouxeram até aqui. Olhe novamente para suas novas perspectivas e encontre a PAZ no âmago de seu ser.

Dia 5

Quando você se concentra em seu problema e o bombardeia com amor, as resoluções se apresentam rapidamente.

Dia 6

A cura é a entrega consciente das preocupações à fonte divina da criação: o poder do amor de Deus que tudo ilumina.

Dia 7

Equilibre seu corpo físico e espiritual por intermédio do vazio mental, essa é a melhor forma de meditar e encontrar o poder da chama de sua Luz que brilha cada vez mais forte.

Dia 8

Tenha consciência de que seu mundo é o reflexo de suas energias. Reequilibrando suas energias através da respiração, você encontrará seu poder verdadeiro.

Dia 9

Os reais desejos de seu coração são sempre alcançados. Os desejos do ego se perdem no caminho. Alinhe-se e sintonize com o que realmente importa.

Dia 10

Quando você decide ser merecedor de bênçãos e graças, elas surgem em sua vida. Busque a totalidade de sua abundância aceitando que você é merecedor AGORA.

Dia 11

A magia da vida está na leveza das intenções. Mentes claras e objetivas criam novas perspectivas de manifestação.

Dia 12

Abra espaço em sua agenda para nutrir diariamente sua criança interior. Com essa sintonia em mente, você viverá de forma mais plena, leve e feliz.

Dia 13

Coloque seu tempo e energia em situações que realmente importam. Descarte outras possibilidades que distraem e não levam a lugar algum.

Dia 14

Todos precisam de amor, atenção e afeição. TODOS: elementais, minerais, animais e o ser humano. Faça sua parte honrando e respeitando todos os seres que evoluem com você na Mãe Terra AGORA.

Dia 15

Purifique seus sentimentos e pensamentos, fortalecendo o vínculo com sua essência que cria, expande e aponta o caminho de sua felicidade. Seja verdadeiro com você.

Dia 16

Sinta as novas ondas de graças e milagres que fluem em sua vida AGORA.

Dia 17

A sabedoria traz o poder de alinhar pensamentos com o coração. O sábio é aquele que exercita a harmonia dos corpos e energias por meio da expansão de suas palavras e diretrizes.

Dia 18

Reconheça que todos os seres são divinos, mas nem todos reconhecem e agem como tal. Cada um amadurece quando está pronto – respeite o tempo alheio de crescer e demonstrar evolução.

Dia 19

Escolha pensamentos e ações ancorados no poder do amor incondicional, única fonte de criação divina que provê manifestações.

Dia 20

Harmonize seu corpo por meio da respiração e concentrando-se em seus pensamentos de Luz e unidade.

Dia 21

A perfeição é a chama que direciona um novo tempo que reconhece o poder da energia que flui propiciando equilíbrio, paz e harmonia AGORA.

Dia 22

Aquiete-se para ouvir o poder de Deus que atua em suas novas escolhas AGORA.

Dia 23

Reafirme que você é sagrado e assim será. No sagrado, tudo é possível e se manifesta de forma plena e feliz.

Dia 24

Mantenha o estado receptivo de ancorar as novas bênçãos de perfeição que propiciam um novo ciclo em sua vida AGORA.

Dia 25

Introspecção é a alavanca do fortalecimento de seu caminho na unidade do espírito e da matéria que refletem a maestria de sua vida.

Dia 26

Esteja sempre receptivo às bênçãos e oportunidades que o Universo oferece. A predisposição em escolher viver de forma diferente e aceitar o chamado à vida é a forma de AFIRMAR que você quer receber graças.

Dia 27

Deus já cuidou de tudo. Você só precisa confiar mais n'Ele, e principalmente em VOCÊ.

Dia 28

A manifestação ocorre quando sua mente permite se esvaziar e encontrar a chama da perfeição de Deus que tudo atrai em sua vida.

Dia 29

A mente quieta ouve apenas a verdade. Seja a verdade, escolha a verdade, manifeste a verdade.

Dia 30

Reafirme sua fé em Deus e em você. Aceite que somente virtudes divinas e bênçãos fluam em sua vida, e assim será.

Maio

Dia 1

Mudanças fazem parte do plano divino para ancorar as bênçãos de um novo tempo de cocriações. Permita-se fluir nas correntes da natureza e da vida.

Dia 2

O amor é a válvula propulsora da manifestação. Quando todos os caminhos são fundamentados na chama do amor, a PAZ se manifesta em todos os aspectos da vida.

Dia 3

Sinta sua Força ao entregar-se ao poder da cocriação que tudo envolve e impulsiona. Respire, silencie, sinta sua segurança interior. Nessa sintonia, tudo é possível.

Dia 4

As melhores diretrizes provêm da alma. Exercite ouvir a intuição e caminhe no poder da unidade da vida.

Dia 5

Respeitar-se é o primeiro passo para relacionar-se consigo e com o mundo.

Dia 6

Todos os relacionamentos são reflexos da segurança interna. Quanto mais confiança em seu poder interno, maiores serão as bênçãos.

Dia 7

Aproxime-se cada vez mais de Deus através da oração, para curar seus relacionamentos afetivos, família, trabalho e com os seres que convivem com você neste mundo.

Dia 8

Arrisque-se mais, confie em seu poder individual em atrair exatamente aquilo que necessita para sua vida AGORA.

Dia 9

Cuidar dos outros como você cuida de si mesmo reflete sua maturidade espiritual.

Dia 10

Quanto mais sua atenção estiver voltada para o momento presente, mais longe você chegará, pois as opções de crescimento no caminho uno são projeções de suas escolhas individuais que se perpetuam no eterno agora.

Dia 11

Continue sendo verdadeiro a cada dia, não importa a opinião dos outros, seja sempre você, em todas as situações de sua vida, e verá que o reflexo de sua atitude traz a bem-aventurança e manifestações.

Dia 12

A alegria traz o sentimento de que tudo é possível manifestar. Proponha-se viver com ALEGRIA a cada instante e sua vida mudará completamente.

Dia 13

Elogie tudo e todos, o tempo todo. O louvor e reconhecimento das energias positivas propiciam a manifestação de milagres e graças a cada momento.

Dia 14

A felicidade é o mais alto nível de energia que existe. Sintonize-se nessa frequência e atraia o poder da cocriação constante.

Dia 15

Aprecie seus dons, são presentes ofertados por Deus para que você os compartilhe no mundo.

Dia 16

Desperte para um novo tempo de bênçãos e manifestações. Observe tudo e todos ao seu redor e priorize apenas o que realmente importa e traz alegria e felicidade.

Dia 17

Sua decisão é responsável por atrair aquilo que sua projeção mental imagina. Aceite essa verdade AGORA.

Dia 18

Exercite o poder do SIM. Diga SIM para a vida, para a alegria, para a abundância, para a felicidade, diga SIM para você e aceite o poder de seu Deus interno que começa a atuar em seu novo ciclo a partir de AGORA.

Dia 19

Compartilhe espontaneidade e aceite as bênçãos dos planos de Luz. Espelhe-se no Poder dos elementos da natureza para cocriar a felicidade plena AGORA.

Dia 20

Elogie-se todos os dias. Olhe em seus olhos e veja seu verdadeiro EU que celebra suas conquistas e vitórias.

Dia 21

Para manter o bom humor, equilibre seu dia a dia com momentos de trabalho, lazer, descanso e meditação – o silêncio é confortante e provê forças necessárias e intuição para melhores decisões.

Dia 22

Harmonize seus pensamentos ancorando seu propósito diário em seu coração. Estabeleça metas diárias, sendo que a primeira delas deve ser: EU SOU FELIZ. A partir daí, todas as outras situações se encaixam a contento.

Dia 23

O essencial da vida é ser simples. Na simplicidade, você encontrará o néctar da manifestação.

Dia 24

Renove suas perspectivas com o poder da decisão em viver de forma mais leve e simples, e assim você manifestará as situações necessárias para viver a felicidade e a abundância.

Dia 25

Eleve seu padrão energético com bons pensamentos e boas atitudes, e a vida refletirá somente prosperidade e bênçãos.

Dia 26

Sua verdadeira família é aquela formada por laços afins: pensamentos, emoções, atitudes conscientes. Centrando sua energia no âmago de sua alma, você encontra mais sabedoria para lidar com os fatos do dia a dia respeitando mais a família e suas escolhas.

Dia 27

Acalme-se. Visualize a Luz azul que o envolve e cura. Não pense em problemas, entregue-os aos anjos e a Deus. Permita-se ouvir as resoluções AGORA.

Dia 28

Compreenda e cure desentendimentos no silêncio. Muitas vezes é melhor calar e orar do que falar e tentar explicar o que realmente se passa com as pessoas ao seu redor. Você não tem o poder de controlar pensamentos e sentimentos alheios. Trabalhe nos seus em primeiro lugar. Silencie.

Dia 29

Experiências emocionais servem para trazer crescimento. Quando suas emoções forem instáveis, invoque pelo Poder da luz verde da cura para que tudo seja equilibrado no tempo correto: AGORA. Não pense, visualize luz verde.

Dia 30

Envolva todas as pessoas com as quais convive em luz dourada, todos os dias, para que possam agir com discernimento e sabedoria.

Dia 31

A verdadeira ajuda sempre vem de Deus. Inicie seu dia meditando e invocando por Deus e não precisará pedir ajuda para nada, pois ELE atua em todas as situações o Tempo todo.

Junho

Dia 1

Valorize-se mais. Reconheça seu potencial e aptidões e aja todos os dias com consciência, projetando suas melhores habilidades que conduzem à felicidade e à PAZ.

Dia 2

Siga a diretriz de seu coração com amor, intuição e poder. Se mesmo assim não souber o que fazer, simplesmente não faça nada, apenas confie que Deus provê as melhores oportunidades para você AGORA.

Dia 3

Suas ideias têm poder. Pensar apenas não soluciona situações. Aja de forma consciente e clara.

Dia 4

Dê sempre um passo à frente, mesmo sem saber onde chegará. O Universo responde aos que não ficam parados, pois o Universo é movimento em expansão o tempo todo.

Dia 5

Apoie-se em seu Deus interno todos os dias. Saiba que ali está seu verdadeiro "porto seguro".

Dia 6

Este mundo é real. Viva-o de forma plena e feliz.

Dia 7

Abra-se para receber bênçãos do Universo AGORA. Você chegou até aqui por merecimento e esforço. Parabenize-se e aceite os próximos desafios que o conduzirão à maestria individual.

Dia 8

Viva em seu ritmo, mas sempre em harmonia com a Mãe Terra e com os elementos da natureza. Inspire Luz e expire Luz. Preste atenção em tudo e em todos, não pule etapas, viva cada segundo de forma plena e feliz.

Dia 9

Para melhorar sua saúde, comunique-se com verdade, só fale quando for chamado e de preferência use palavras positivas o tempo todo.

Dia 10

Cada fase da vida traz uma lição. Muitos são os degraus da mesma escada. É hora de chegar ao topo com discernimento e dinamismo.

Dia 11

Veja a beleza da vida em cada criatura. Abençoe cada momento e agradeça pela oportunidade de participar de mais um ciclo da vida rumo a sua ascensão.

Dia 12

Muitos são os caminhos, mas todos levam ao mesmo ponto: maestria e unidade com o plano da perfeição de Deus. Mantenha Deus em sua mente e coração, sempre.

Dia 13

Imagine que você flutua no espaço no meio de muitos planetas e estrelas. Só de imaginar, você deslocou sua atenção a outra realidade e está mais leve, não é? Repita o exercício da imaginação com tudo o que quiser manifestar, mas SEM INTERFERIR NO LIVRE-ARBÍTRIO DE OUTRO SER.

Dia 14

Assim como seu corpo se banha com água todos os dias, banhe também suas emoções no poder da chama rosa do amor que tudo cura; basta imaginar e tudo estará equilibrado novamente.

Dia 15

Você é energia em movimento. Flua com a vida e com o Universo, movimente-se mais e permita-se receber um novo ciclo mais leve e muito mais feliz.

Dia 16

Seu campo energético responde ao poder do amor. Ame-se mais, ame os outros seres que convivem em seu dia a dia e seu corpo desfrutará de saúde e perfeição.

Dia 17

Ative sua consciência e permita que seu corpo seja um veículo da mais pura Luz cristalina que abençoa e cura tudo e todos, em todos os momentos de sua vida.

Dia 18

Responda à vida sempre de forma positiva.

Dia 19

Quanto mais tempo você silenciar todos os dias, maiores serão as revelações. Preste atenção em seus sentimentos e ideias e veja como eles mudam com o passar do tempo, após o silêncio.

Dia 20

Não direcione pensamentos, apenas se permita fluir no momento presente. Respire mais, escute, aprenda, silencie, viva de forma mais plena e calma.

Dia 21

A criatividade é a chave para a manifestação da felicidade. Permita-se atrair novas bênçãos de paz e plenitude em seu caminho, usando melhor sua mente AGORA.

Dia 22

Seja sempre honesto, em primeiro lugar comece com você. Olhe-se no espelho e pergunte-se: "Eu me amo como sou? O que é necessário mudar? Como posso melhorar AGORA?".

Dia 23

Pergunte sempre ao seu coração qual a melhor diretriz, ali você encontra conforto e segurança. Confie mais em VOCÊ.

Dia 24

Admita que você escolhe viver somente a VERDADE e assim será.

Dia 25

Concentre-se apenas na perfeição do plano divino. Abra-se para receber as bênçãos de um novo ciclo, AGORA.

Dia 26

Liberte-se das preocupações passadas e entregue-se ao fluxo de Deus, assim você encontra o poder da unidade e da manifestação.

Dia 27

Receba bênçãos de amor incondicional AGORA. Nessa sintonia, tudo se torna possível.

Dia 28

Não se preocupe com nada em excesso. Deus tudo cura e provê. Basta ter a disciplina de ancorar as bênçãos de precipitação e bem-aventurança por meio de sua sintonia e oração AGORA.

Dia 29

Em situações adversas, projete amor e emoções positivas e tudo se resolve de forma harmoniosa e equilibrada.

Dia 30

Confie mais em VOCÊ. Com coragem e segurança, você encontra as situações apropriadas para reconstruir seu NOVO EU a partir de AGORA.

Julho

Dia 1

A PAZ só é possível quando você faz as pazes com seus pensamentos. Limpe suas memórias, expanda sua mente, concentre-se em gerar somente situações positivas em sua vida AGORA. Decida VIVER EM PAZ e assim será.

Dia 2

Abra sua mente para novas perspectivas. Permita-se receber bênçãos AGORA. Sua postura física demostra o quanto sua alma realmente quer manifestar bênçãos e graças. Preste atenção em sua postura física e a corrija, se necessário.

Dia 3

O Criador sempre tem novas oportunidades e caminhos direcionados a sua vida. Você só precisa erguer o véu da ilusão e enxergar a VERDADE em todas as situações AGORA. Aja com CORAGEM (= agir com o CORAÇÃO)

Dia 4

Abençoe seus antepassados. Eles o protegem lá das outras dimensões e querem seu bem e felicidade. Permita-se caminhar amparado por suas "asas" e bênçãos que o abraçam todos os dias.

Dia 5

Só dê conselhos quando lhe pedirem, e, acima de tudo, só fale sobre experiências que já viveu. Falar sobre o que não conhece é falso. "Achar" é o verbo do ego humano – busque sua VERDADE e caminhe com ela todos os dias.

Dia 6

O maior benefício é abrir-se para novas possibilidades no encontro sagrado com suas novas intenções em cocriar um novo tempo de abundância, saúde e realizações.

Dia 7

Confie sempre em seus sentimentos e não em seus pensamentos. O verdadeiro conhecimento vem da atitude e predisposição em querer mudar e criar de forma diferente.

Dia 8

Por meio da respiração você consegue se libertar de padrões limitadores mentais. Abra-se para receber novas bênçãos de Luz e PAZ AGORA. Respire, aceite, cocrie.

Dia 9

Conflitos são resolvidos através do diálogo. Expresse sempre sua verdade, aja com clareza mental e suas intenções serão manifestadas em sua vida individual AGORA.

Dia 10

Viva sempre com seu coração aberto a novas possibilidades e diretrizes enviadas por Deus. Basta dar o primeiro passo rumo a sua mudança e assim será.

Dia 11

A verdade espiritual é uma só: AMOR que se transforma conforme você evolui e atinge sua maestria individual. Escolha VIVER O AMOR, SER O AMOR, EXPRESSAR O AMOR em todas as suas formas de existência.

Dia 12

Lembre-se de que seu corpo físico é o templo de sua alma. A forma que você trata seu corpo se reflete em sua saúde e é a abertura de novos caminhos rumo a sua iluminação. Permita-se ancorar as novas bênçãos de sabedoria que provém de sua alma. Cuide-se melhor, você é o único responsável por tudo o que lhe acontece.

Dia 13

O amor não tem formato, simplesmente É; da mesma forma, SEJA a totalidade de sua ALMA em ação e permita que seu poder reflita a grandiosidade de suas mudanças individuais AGORA.

Dia 14

Regue seus pensamentos com paciência e amor. Somente assim novas bênçãos irão se manifestar em sua vida AGORA.

Dia 15

Sonhe com intensidade, mas projete situações plausíveis e não energias que não condizem com sua VERDADE. Iludir-se faz parte do ego-personalidade, agir com FÉ e JUSTIÇA faz parte da compreensão de seu novo mundo de PAZ que se manifesta AGORA.

Dia 16

Os planetas de seu sistema solar estão em constante evolução, você deve saber que seu objetivo na vida é evoluir tanto a ponto de se tornar um grande SOL que a todos cura, provê, nutre e ilumina. Aceite essa VERDADE AGORA.

Dia 17

O ideal é manter o máximo de SILÊNCIO possível para que sua mente apenas encontre a chama da percepção da vitória em todas as situações. Pensamentos confusos geram distração e discórdia, pensamentos centrados no poder da Luz e da harmonia manifestam a totalidade de sua essência em ação.

Dia 18

Desperte para as bênçãos de Deus AGORA. Tudo de melhor está vindo até você, CONFIE.

Dia 19

Ideias sem ação não geram frutos. Busque sua projeção de pensamentos positivos que criam novas diretrizes e percepções; no pequeno e verdadeiro gesto está sua solução.

Dia 20

Menos é mais. Simplifique tudo, seja VERDADEIRO, manifeste apenas sua real intenção em servir sua FELICIDADE AGORA.

Dia 21

Aja com objetividade. A projeção do que você acredita é o resultado de suas crenças e novos caminhos. Busque por energias e situações felizes equilibradas o tempo todo e sua vida fluirá com mais maestria e leveza.

Dia 22

Una-se apenas a pessoas e situações que agreguem luz e verdade. Tudo o que não estiver nessa sintonia deve ser perdoado e transmutado AGORA.

Dia 23

Organize-se melhor. Seu mundo externo reflete sua ordem interior. Concentre-se em suas prioridades todos os dias e cumpra seus objetivos com amor.

Dia 24

Motivação é a energia que atrai manifestações. Espelhe-se em exemplos positivos, energias que cumprem a Lei de Deus que a todos consagra e abençoa a cada instante de suas evoluções.

Dia 25

Seja sempre gentil com você e com todos que convivem com você e não se esqueça de praticar a gentileza com seu meio-ambiente que provê a base de sua saúde e realizações AGORA.

Dia 26

Respeite-se mais. Não permita que nada nem ninguém possa abalar sua paz interior. Abra-se para receber as bênçãos de Luz dos Universos em expansão AGORA.

Dia 27

Busque refúgio em Deus. Somente nessa sintonia você encontra as ferramentas para sua autorrealização e felicidade.

Dia 28

Silencie seus sentimentos agora. Permita que o plano divino equilibre seu corpo emocional para que você reencontre sua VERDADE AGORA por meio do PERDÃO E DA RESPIRAÇÃO CONSCIENTE QUE FLUI EM CADA CÉLULA DE SEU CORPO.

Dia 29

A segurança vem da alma alinhada ao coração. Busque em sua mente a chama de sua compreensão interna que mostra que tudo o que você realmente quer e precisa já está dentro de você energeticamente. É momento de despertar para essa VERDADE e encontrar seu novo caminho na felicidade e na LUZ.

Dia 30

A criatividade é a forma de manifestar novos ciclos com harmonia e felicidade. Essa energia nasce na mente que deve ser alimentada todos os dias com pensamentos e imagens plácidas e suaves. A vida reflete suas formas-pensamentos. Abra-se para receber novas bênçãos de Luz.

Dia 31

A melhor terapia é AMAR INCONDICIONALMENTE TUDO E TODOS a cada dia.

Agosto

Dia 1

O julgamento provém do ego, o amor provém da alma. Permita que seu caminho seja o reflexo de sua Luz interna que brilha todos os dias na Luz do amor.

Dia 2

Discernimento é sempre necessário para que você entenda que seu EU é a força motriz desse novo tempo de cocriação.

Dia 3

Viva com leveza e ame tudo o que faz, assim sua vida irá refletir a força de seu novo caminho de vitórias e maestria AGORA.

Dia 4

Respeite seus pensamentos sem julgá-los. Tudo é curado em seu devido tempo.

Dia 5

Suas emoções apontam o grau de sua sensibilidade. O ideal é manter a impermanência em todas as situações e entender que o mundo externo não deve ter poder de abalar seu mundo interno.

Dia 6

Fortaleça suas crenças com fé e determinação. Tudo é questão de escolha. Escolha SER FELIZ AGORA E ASSIM SERÁ.

Dia 7

Sua consciência permite que você expanda seus horizontes e encontre um novo caminho; abra suas asas AGORA.

Dia 8

Lembre-se que o tempo de Deus é diferente do tempo dos homens, por isso a importância de viver o ETERNO AGORA, o único momento que realmente existe em sua evolução.

Dia 9

Mantenha sua saúde respeitando seus limites. Limpe sua mente, desperte para novas possibilidades todos os dias e encontre o fortalecimento necessário em seu caminho dentro de você.

Dia 10

Seja sempre o melhor exemplo vivo daquilo que você acredita. Essa é a melhor forma de atingir a maestria.

Dia 11

Assuma seu poder e faça melhores escolhas AGORA. Comece com seus pensamentos, base de suas novas energias e percepções.

Dia 12

Suas intenções manifestam bênçãos em suas vida. Purifique-se mentalmente e sua nova realidade será plena de cocriações positivas e unas no poder do amor que tudo cura.

Dia 13

Liberte-se do lixo desnecessário. Comece com seus pensamentos e depois com suas energias nos corpos físico e emocional. A limpeza interna auxilia no fortalecimento de seu novo CORPO DE LUZ.

Dia 14

Preserve o espírito de liderança, não na vibração do ego, mas na simplicidade de sua alma que tudo compreende, abençoa e provê. Você é seu maior líder. Aceite essa verdade AGORA. Aceite-se como você é.

Dia 15

A vitória é a base de sua nova consciência. Busque viver de forma plena e vitoriosa, espelhando-se em exemplos dos seres vitoriosos que nada temem, mas OUSAM SER DIFERENTES TODOS OS DIAS.

Dia 16

Você tem o poder de ultrapassar seus limites e dificuldades. Aceite o desafio de entender melhor seu novo caminho e permita-se fluir nessa nova direção com fé e amor.

Dia 17

Sua voz interna lhe pede para aceitar sua felicidade AGORA. Ouça-a com amor.

Dia 18

Seu coração só se cura no tempo certo. As pessoas que o magoam não o fazem por mal; na realidade, elas assim agem porque vibram nessa frequência distorcida. Erga-se acima dos limites e problemas dos outros e saiba que a maior fonte de cura é o amor-próprio consciente.

Dia 19

Suavize seu coração e permita-se reencontrar a felicidade AGORA através de boa música e compartilhando momentos na Mãe Natureza.

Dia 20

Padrões antigos que se repetem devem ser transmutados. Tome consciência de sua participação nos enganos recorrentes e permita-se receber as bênçãos dos planos de Luz AGORA.

Dia 21

Quando você segue sua Intuição e manifesta seus sonhos, a abundância é certa. Afine sua sintonia e permita-se expandir essa verdade AGORA.

Dia 22

Lembre-se sempre de que você é amado por Deus e por todos os seres que atrai nesta e em outras dimensões. Cuide melhor de sua energia, resplandeça sua LUZ AGORA.

Dia 23

Seu objetivo de vida se expressa através de seu trabalho, onde você tem a possibilidade de compartilhar e exercer suas habilidades. Ser voluntário também é "trabalho". Escolha servir em vez de ser servido.

Dia 24

Compartilhe com todos que convivem com você todas as situações e lições positivas que aprendeu; assim você irá atrair somente energias positivas e bênçãos em sua vida.

Dia 25

Analise sua vida agora e decida mudar suas atitudes que geraram sofrimento e limites no passado. Permita-se receber bênçãos de Luz.

Dia 26

Desequilíbrios são curados a partir da postura em assumir plena responsabilidade perante o que lhe acontece todos os dias.

Dia 27

Você é responsável por sua presença no mundo, pela energia que carrega, pela forma que toca os outros. Busque seu poder interno em recriar um novo tempo de PAZ AGORA.

Dia 28

Pensamentos claros geram situações claras e concisas. Alinhe seus pensamentos com suas intenções e ancore as novas bênçãos de perfeição em sua vida AGORA.

Dia 29

Você é forte. Momentos amargos só existem aos que não reconhecem todo o poder divino que flui através de todas as situações o tempo todo. Honre Deus e permita que seu poder o abençoe sempre.

Dia 30

Agradeça por todas as situações positivas em sua vida AGORA: tudo e todos. Agradecer gera um grande fluxo de Luz que atrai somente novas graças divinas.

Dia 31

Enxergue com os olhos do coração que somente veem a VERDADE. Não julgue, simplesmente ACEITE.

Setembro

Dia 1

Agradeça por seu trabalho e afazeres diários. Desempenhe suas atividades sem apego em união com o poder de Deus.

Dia 2

Use seu conhecimento transcendental. Veja todos os seres de forma igual, pois a essência da alma de todos os seres vivos nos reinos mineral, vegetal, animal e hominal é a mesma.

Dia 3

Nenhum esforço é perdido; mesmo que você progrida apenas um pouco por dia, isso manifestará sua felicidade ancorada em sua força e poder de mudar.

Dia 4

Não existem obstáculos para o amor. Acredite e assim será.

Dia 5

Muitas coisas são perecíveis, mas a bondade, a paixão e a ignorância não são. Escolha viver com consciência no que o faz realmente feliz.

Dia 6

Muitos são os caminhos, mas somente aquele que se entrega ao poder supremo da Criação manifesta a verdadeira maestria.

Dia 7

Respeite-se mais e assuma a condição em ser um semideus em ação em sua vida individual AGORA.

Dia 8

A mente concentrada na PAZ de Deus não permite que sua inteligência fique à deriva. Retorne à consciência de Deus em você, AGORA.

Dia 9

A ignorância é transmutada através do conhecimento. Busque evoluir e crescer mentalmente todos os dias e sua vida será o reflexo da magnitude de sua alma.

Dia 10

O caminho da iluminação é galgado passo a passo, fortalecendo a sintonia com o poder do reconhecimento de suas escolhas, atitudes e mudanças CONSCIENTES. Faça sua parte.

Dia 11

O sol revela a cada dia uma nova oportunidade de renascer e recomeçar no poder da LUZ. Transmutando a apatia, você reconhece todas as possibilidades que Deus oferece a cada dia abençoando sua vida com amor e realizações.

Dia 12

O coração nunca esquece o real motivo da vida: ser feliz. Reaprenda a caminhar na perspectiva de seus novos ideais e manifeste seu poder em unidade divina com a felicidade AGORA.

Dia 13

Ao invés de seguir a forma pela qual outros venceram, crie sua forma de superar tudo o que atrapalha seu caminho rumo à iluminação.

Dia 14

Que seus atos sejam inspirados na Luz do amor que tudo cura e provê.

Dia 15

O desejo e o ódio são ilusões do ego que encobrem o verdadeiro sentido da vida: alegria e bem-aventurança. Faça sua escolha AGORA.

Dia 16

A consciência divina conhece todos os seus filhos na luz do eterno agora. Abrace novas possibilidades de viver sua plenitude reconhecendo e superando seus limites e desafios.

Dia 17

Não ignore suas intuições e sentimentos. Tudo deve ser aceito e abraçado como oportunidades de crescimento e iluminação.

Dia 18

Todos os seres são pérolas do colar divino que com sua força material e espiritual precipitam o real sentido da Criação. Aceite seu poder ilimitado em mudar AGORA.

Dia 19

A verdadeira sabedoria está na essência da alma e não em objetos ou mensagens escritas. Aprenda a silenciar e atingir a totalidade de sua conexão com o Divino AGORA.

Dia 20

Não mais controle os outros, saiba que todos são livres para expressar suas vontades e escolhas, busque inspiração no silêncio.

Dia 21

A introspecção é a melhor forma de fortalecer o elo com seu eu interno. Nessa sintonia, tudo se torna possível. Acredite.

Dia 22

No grande reservatório de Deus, existe abundância de suprimento. Olhe para seu eu e reconheça o poder de sua inteligência crística em ação que absorve o necessário para sua existência.

Dia 23

Com determinação, você atinge todos os seus objetivos.

Dia 24

Todas as criações divinas são reflexos da pura Luz de Deus. Absorva essa verdade agora.

Dia 25

Harmonize suas ideias e permita que elas apontem novas diretrizes manifestando sua felicidade.

Dia 26

Você é um ser especial e único. Permita que Deus atue através de você a cada instante.

Dia 27

Abrace uma nova vida que abrange novas orientações. É momento de colher o que você plantou no passado.

Dia 28

Viva de forma serena e todas as situações refletirão essa sua forma de agir.

Dia 29

Aja sempre de forma íntegra. Seguindo seu coração, você atrairá a chama de seu novo ciclo que ilumina todos os seres ao seu redor.

Dia 30

Celebre a vida todos os dias, começando com seus sentimentos de amor e gratidão a Deus e a todos que fazem parte de seu ciclo evolutivo.

Outubro

Dia 1

O maior crescimento espiritual é não mais temer a Deus e sim confiar que tudo é orquestrado de forma plena e feliz.

Dia 2

Mágoas passadas fizeram com que você perdesse a confiança em si mesmo. Fortaleça a conexão com seu eu e permita que tudo flua de forma plena e feliz a partir de AGORA.

Dia 3

Afaste as preocupações com o trabalho e entregue-se à chama da leveza e alegria que trazem novas oportunidades em sua vida AGORA.

Dia 4

Mudanças são necessárias para que você viva seu propósito de vida. Esse é um novo começo.

Dia 5

Dê seu apoio àqueles que o procuram, da mesma forma que Deus e o Universo o apoiam e abençoam todos os dias.

Dia 6

Aprenda novas matérias e exercite habilidades diferentes, assim sua vida será enriquecida com bons momentos.

Dia 7

O tempo é o tesouro mais precioso. Viva o eterno agora de forma plena e consciente.

Dia 8

Observe os sinais. Deus fala com você todos os dias, fique atento e mude sua vida AGORA.

Dia 9

Descansar é parte natural do processo da vida que auxilia a nutrir os corpos físico, mental e emocional.

Dia 10

Expresse seu poder com segurança. Seja uno com a perfeição de Deus.

Dia 11

Permita que Deus o surpreenda com lindas manifestações. Sintonize-se em seu poder e assim será.

Dia 12

Aproxime-se da hoste angélica todas as vezes que precisar de inspiração e todos estarão prontos a abençoá-lo e provê-lo.

Dia 13

Feche os olhos e silencie a mente para ouvir as sugestões de seu Eu Superior - a Presença EU SOU em ação AGORA.

Dia 14

Não force situações. Permita-se fluir no caminho da evolução atingindo sua perfeição.

Dia 15

Paz, segurança e harmonia manifestam-se agora, para sua total FELICIDADE.

Dia 16

Nutra seus sonhos acreditando neles, assim você reconhecerá todo o poder de sua unidade com Deus.

Dia 17

O processo da transformação dos pensamentos começa no silêncio. Ali, novas ideias surgem e todos cumprem suas tarefas de forma plena e feliz.

Dia 18

Coloque amor em suas intenções e você estará gerando sua nova realidade.

Dia 19

Experiencie a paz em sua mente, elevando seus pensamentos e criando um novo despertar de inspiração e cocriações.

Dia 20

Siga sua intuição e auxilie um amigo, quer seja em prece ou via comunicação agora.

Dia 21

Confie, você é capaz de resolver todas as situações, lembre-se de que você é um filho amado de Deus.

Dia 22

Todos os dias, olhe-se no espelho e afirme que você é bem-sucedido, próspero e feliz. Faça o mesmo com as pessoas que ama e com supostos "inimigos" e você verá como tudo se transforma rapidamente ao seu redor.

Dia 23

Sua imaginação é a base de seu "milagre". Trate-a com respeito e cuidado.

Dia 24

Você nunca está só. Seus anjos protetores auxiliam seu momento de transformação. Invoque por eles AGORA.

Dia 25

Nada que você faça irá afastá-lo do poder supremo de Deus. É nesse reencontro que você reafirma seu compromisso com sua verdade e cumpre sua missão.

Dia 26

Seus erros e enganos são vistos principalmente por você. Não se julgue tanto, permita-se viver a plenitude de seu novo momento que reconhece tudo como reflexo sagrado da perfeição de Deus.

Dia 27

Preze suas amizades verdadeiras, alavancas de seu crescimento individual e planetário.

Dia 28

Liberte-se de sua prisão mental. Pensamentos livres e alegres criam novas perspectivas que consolidam o plano da perfeição AGORA.

Dia 29

Você está pronto para receber graças. Aceite seu ser onipresente e onipotente que tudo ama e abrange.

Dia 30

Tudo o que você faz é questão de livre-arbítrio; se não estiver feliz e satisfeito, escolha novamente.

Dia 31

Abrace esse novo ciclo com amor e determinação. Você é responsável por cada instante de sua evolução.

Novembro

Dia 1

Escolha melhor seus pensamentos e verá que a felicidade será constante.

Dia 2

Peça que Deus lhe mostre novas alternativas. Confie.

Dia 3

Todo o ressentimento é curado e você ressurge como a fênix, cheio de amor, alegria e felicidade.

Dia 4

Perdoe todas as pessoas e não busque as causas dos problemas que são irrelevantes nesses momentos de mudança e novas cocriações. Liberte-se AGORA.

Dia 5

Recupere sua visão infantil e inocente de encarar a vida e tudo se apresentará de forma plena e feliz.

Dia 6

Lembre-se de que você é um ímã e atrai somente a chama da sua essência que é LUZ. Os outros aspectos que lhe ocorrem são criações errôneas que se manifestam quando você dá seu poder ao ego-personalidade em vez de exercitar seu propósito de alma.

Dia 7

Mantenha em mente somente o que você quer manifestar. Outros pensamentos ocupam espaço e impedem a realização de seus sonhos AGORA.

Dia 8

O mundo é um campo cheio de possibilidades para manifestar o belo, o sagrado, o puro. Aceite seu novo caminho e abrace todas as oportunidades que se apresentam, pois são formas de expandir sua LUZ.

Dia 9

Você é o poder da Luz divina em ação AGORA.

Dia 10

Visualize sempre que sua mente está dentro da mente de Deus. Nessa perspectiva, você encontrará novas oportunidades de recomeçar e cocriar a cada alvorecer.

Dia 11

Permita que sua nova consciência assuma o controle de sua vida e você estará ancorando as bênçãos de paz.

Dia 12

Nada é desperdiçado. Todas as experiências conduzem ao poder da iluminação de todos os seres.

Dia 13

Quando uma porta se fecha, não aja de forma negativa. Nem sempre as situações ocorrem da forma que você planejou. Seja flexível e abra-se para a possibilidade de abrir novas portas em sua vida AGORA.

Dia 14

Deus fala com você todos os dias através de sua intuição. Siga-a AGORA.

Dia 15

Espelhe-se na pureza das crianças para criar seu novo caminho mais leve e pleno de Luz.

Dia 16

Sementes bem cuidadas germinam de forma próspera e nutritiva. Aceite sua abundância mental e permita que sua vida flua seguindo as diretrizes desse novo tempo de mudanças e acelerações vibracionais.

Dia 17

Aprecie os frutos de seu trabalho. Ouça sua voz interior e amplie esse "*momentum* = acúmulo de energias" por meio de suas mais elevadas intenções.

Dia 18

Evite toxinas físicas, mentais e emocionais. Cerque-se de pessoas e situações felizes e prósperas, sempre.

Dia 19

Seu anjo da guarda ergue o véu que o separa de seu EU INTERNO. Busque em você a força necessária para vencer AGORA.

Dia 20

A prática da meditação auxilia a equilibrar todas as funções do corpo e alcançar a chama da perfeição.

Dia 21

Liberte-se de todos os fantasmas que geram medo. O medo é projeção do ego-personalidade e não do propósito da alma.

Dia 22

Observe mais, tudo e todos. Aguce seus sentidos e busque a melhor forma de encontrar a perfeição de seu eu interno em ação AGORA.

Dia 23

Confirme sua intuição com o poder de Deus que atua em você. Sinais dos Universos sempre refletem a verdade que você precisa encarar AGORA.

Dia 24

A maior fonte de abundância é Deus. Quando você sintoniza essa fonte divina, você recebe todas as bênçãos de LUZ.

Dia 25

Não tente interpretar sua vida. Viva-a de forma simples e feliz.

Dia 26

Mantenha sua fé em você e em Deus, e tudo será suprido no momento certo.

Dia 27

Preces são atendidas quando você eleva sua frequência de Luz e atinge a maestria de quem você verdadeiramente é: o poder do amor em ação AGORA.

Dia 28

Expresse seus dons da mesma forma que a vida flui em total sincronicidade com o plano da perfeição de Deus-Pai-Mãe em ação AGORA.

Dia 29

Abandone tudo o que seja superficial. Seja verdadeiro em todas as situações, sempre.

Dia 30

Modifique sua história individual se assim quiser, mas saiba que as lições a ser aprendidas não serão apagadas.

Dezembro

Dia 1

Quando sua inteligência está além da confusão mental, seu futuro se descortina de forma plena e feliz.

Dia 2

A raiva é o disfarce do ego para afastá-lo das graças e bênçãos. Busque em você todo o poder de cocriar ancorado na frequência do amor em seu coração.

Dia 3

Nunca abandone seus afazeres. São suas oportunidades de reencontrar o poder de Deus e reconhecer as bênçãos ofertadas.

Dia 4

Aceite sua divindade em ação e seja atemporal: passado e futuro não existem, tudo o que você tem agora é seu momento presente. Desfrute-o.

Dia 5

Não existe sucesso sem equilíbrio nos pensamentos e atitudes. Divida seu dia em partes: meditar, alimentar-se, trabalhar, exercitar, relaxar. É necessário disciplina para alcançar a unidade com o poder de Deus que manifesta sucesso e abundância.

Dia 6

A felicidade é uma forma de expressar a autorrealização que propicia a PAZ.

Dia 7

A devoção a Deus e a tudo o que é sagrado ancora as possibilidades de manifestar e preservar dons materiais e espirituais.

Dia 8

Viva de acordo com seus princípios de moral. Aceite novas perspectivas e bênçãos AGORA.

Dia 9

As leis sagradas apontam para a vitória de todos os seres. Por intermédio de sua consciência, você encontrará o poder necessário para manifestá-la AGORA.

Dia 10

Você é a semente original da perfeição de Deus. Abra-se para atrair as bênçãos e novas oportunidades de leveza e PAZ.

Dia 11

Permita que seu poder crístico assuma a totalidade de sua vida AGORA.

Dia 12

Escolha palavras sábias para se expressar. O que não constrói não deve ser pronunciado.

Dia 13

Nunca duvide do poder de sua essência que é Luz. Ali você encontrará a fé inabalável que conduz a sua felicidade AGORA.

Dia 14

Tente atingir a perfeição e você não será tão estranho quanto possa pensar. O objetivo da vida é atingir a perfeição através da iluminação do ego.

Dia 15

Liberte-se do supérfluo, ancore suas novas diretrizes em seu poder de criar e escolher de forma plena e consciente.

Dia 16

Reconheça o poder da natureza que atua em você com bênçãos e manifestações.

Dia 17

Eleve sua frequência energética chegando ao seu corpo de LUZ e permita receber mais graças nesse momentos de celebração à vida.

Dia 18

Preencha todo o seu ser em LUZ DOURADA. A sabedoria pode ser despertada nesses momentos de novas escolhas e por meio da inspiração divina.

Dia 19

A maestria e o controle da mente são responsáveis pelas conquistas verdadeiras.

Dia 20

Domine sua mente afirmando que sua alma é quem comanda sua vida. Silencie e pratique o mantra OM - o som primordial dos Universos em expansão, em devoção ao poder supremo de Deus.

Dia 21

Seja um grande visionário. Erga-se acima dos pensamentos humanos e busque inspiração no Divino para manifestar sua abundância e felicidade AGORA.

Dia 22

Aja com paciência = a ciência da PAZ. Reaprenda a pensar de forma calma e com reverência ao ritmo dos batimentos cardíacos da Mãe Terra.

Dia 23

Mesmo o menor gesto deve ser compartilhado com amor. Reconhecer e expandir essa forma de encontrar novos caminhos de manifestação na Luz do amor é a base para seu novo limiar de consciência AGORA.

Dia 24

Assuma seu estado contemplativo. Observe de longe o mundo e mergulhe nas profundezas enraizadas em sua alma de seu mundo interno verdadeiro.

Dia 25

Coloque devoção em tudo. Em cada pensamento, atitude, oração.

Dia 26

A vida é transitória, mas a essência da alma é eterna. Escolha viver alinhado com sua essência e tudo será reflexo de seu poder maior em servir a chama da perfeição.

Dia 27

Exercite a humildade. Com pureza e simplicidade, você encontra seu caminho com fé e devoção.

Dia 28

Aproxime-se de seu Deus interno todos os dias e você despertará para seu real poder de cocriar.

Dia 29

Quando você se alinha com os elementos da natureza: fogo, terra, água, ar e éter, você atrai abundância em sua vida.

Dia 30

Entregue-se conscientemente ao poder supremo de Deus e todas as oportunidades de vitória e ascensão estarão ao seu redor.

Dia 31

A mente que conhece a verdade não se perturba com as ilusões do mundo.

Sobre a Autora

CARMEN BALHESTERO, sensitiva, conduz Meditações pela PAZ e Cura na Mãe Terra desde 1980, a pedido do Mestre Saint Germain, e, em 1985, fundou a Fraternidade Pax Universal. Também foi a precursora na organização das Conferências Internacionais de Metafísica no Brasil, tendo a primeira sido realizada em 1988, na Universidade de São Paulo (USP).

Os contatos de Carmen com a Hierarquia da Grande Fraternidade Branca são realizados desde a sua infância, e o chamado ao trabalho ocorreu em 1985. Desde então, Carmen deu início a um intenso ciclo de atividades, como parte de sua missão, e passou a realizar palestras e cursos em diversas cidades, no Brasil, na Europa e nos Estados Unidos. Em 1987 trabalhou voluntariamente, durante sete meses, no Instituto Louise Hay, em Los Angeles, com energização para doentes de Câncer e de Aids, e em 1989 trabalhou durante um ano, também voluntariamente, no Spiritual Healing Center, em São Francisco.

Carmen foi preparada pelo Mestre Saint Germain para ser um puro canal da Fraternidade Branca na Terra, e sua vida, hoje, caracteriza uma Perfeita Unidade com o serviço de Canal da Grande Fraternidade Branca.

Sobre a Pax

A PAX é uma entidade metafísica, sem fins lucrativos, criada para promover o despertar da consciência humana para o Terceiro Milênio e formar uma nova família fraterna no Planeta, com o auxílio dos Servidores da Luz presentemente encarnados. Seus dirigentes são a Hierarquia da Grande Fraternidade Branca Universal, Elementais da Natureza, Seres Interdimensionais, Correntes de Cura e Irmãos Interplanetários que, sob a regência do Mestre Saint Germain, se manifestam por meio da sensitiva e fundadora da PAX, Carmen Balhestero.

Desde 1980, a Pax realiza trabalhos de vibração pela Paz e Cura Universal todas quintas-feiras, às 15 horas, nos quais são irradiadas as chamas Verde (da Cura), Violeta (da Transmutação do Mestre Saint Germain) e Dourada (da Iluminação) para a purificação da aura do Planeta e de seus habitantes em todas as dimensões. Também são canalizadas mensagens dos Mestres dos Sete Raios da Grande Fraternidade Branca Universal sobre o momento planetário atual. Paralelamente, mais de 20 atividades gratuitas são realizadas semanalmente.

Para mais informações sobre a PAX, consulte <www.pax.org.br> ou entre em contato pelo e-mail: pax@pax.org.br.